劳动

李 珂 汪星余 | 编

SELECTIONS ON LABOR BY MARXISTS

箴言

人民东方出版传媒
东方出版社

图书在版编目（CIP）数据

劳动箴言 / 李珂，汪星余编 . —北京：东方出版社，2019.4
ISBN 978-7-5207-0941-5

Ⅰ.①劳⋯　Ⅱ.①李⋯②汪⋯　Ⅲ.①马恩著作—语录②列宁著作—语录
　Ⅳ.① A18 ② A28

中国版本图书馆 CIP 数据核字（2019）第 056986 号

劳动箴言
（LAODONG ZHENYAN）

李　珂　汪星余　编

策　　　划：任　超
责任编辑：房宪鹏　卢　典
出　　版：东方出版社
发　　行：人民东方出版传媒有限公司
地　　址：北京市东城区东四十条 113 号
邮政编码：100007
印　　刷：环球东方（北京）印务有限公司
版　　次：2019 年 4 月第 1 版
印　　次：2019 年 4 月北京第 1 次印刷
开　　本：880 毫米 ×1230 毫米　1/32
印　　张：7.25
字　　数：60 千字
书　　号：ISBN 978-7-5207-0941-5
定　　价：48.00 元
发行电话：（010）85924663　85924644　85924641

前　言

2018 年，是马克思诞辰200周年，是《共产党宣言》发表170周年，是我国改革开放40周年，是全面贯彻落实党的十九大精神的开局之年，也是决胜全面建成小康社会、实施"十三五"发展规划承上启下的关键之年。进入新时代，在中国共产党的领导下，中国人民正在以"实干兴邦"的劳动精神继续谱写中国特色社会主义伟大事业的新史诗，推动着中国特色社会主义伟大事业滚滚向前。

社会历史就其整体而言，是一定的群体（集体、阶级、民族乃至全人类）认识活

动和实践活动及其产物的演进过程，是以一定的物质生产方式为基础的社会形成和演进过程。在马克思看来，劳动是"一切历史的基本条件"，人们创造历史的第一个或最基本的活动便是生产劳动，有了人类的劳动，有了满足人类生存必需的前提，才产生了生活和历史。关于劳动的论述是马克思主义经典论述的重要组成部分，从"异化劳动"到"物质生产劳动"再到"雇佣劳动""剩余劳动"等，劳动问题贯穿马克思整个思想体系的始终。党的十八大以来，习近平总书记站在历史和全局高度，立足世情国情党情，多次围绕中国梦、劳动、劳动者、劳模精神等内容进行深刻阐述，内涵丰富、思想深邃。2018 年 4 月 30 日，在"五一"国际劳动节

到来之际，习近平总书记给中国劳动关系学院劳模本科班 38 名学员回信，向他们并向全国所有劳动模范、向全国广大劳动者致以节日问候。在回信中，习近平总书记寄希望于广大劳模"用你们的干劲、闯劲、钻劲鼓舞更多的人，激励广大劳动群众争做新时代的奋斗者"。这是习近平总书记首次用"干劲、闯劲、钻劲"阐释劳模精神，可以说，这三个"劲"既丰富了新时代劳动精神、劳模精神、工匠精神的内涵，又集中体现了新时代奋斗者的精神旨趣。站在具有历史意义的时间节点上，本书收集、整理马克思主义经典作家的劳动箴言，希望重拾"劳动创造财富"的基本信念，引领"劳动创造人类"的时代强音，奏响"劳动托起中国梦"的壮丽乐章，

为全社会发展汇聚强大正能量，让"劳动最光荣、劳动最崇高、劳动最伟大、劳动最美丽"在新时代蔚然成风、深入人心。

为此，我们以人物为线索，系统全面梳理了马克思、恩格斯、列宁关于劳动最具权威性、适用性、创造性的传世箴言，最终形成 200 余条。再按照新时代中国特色社会主义事业的发展需要和劳动研究领域，将这些箴言分为劳动与人的存在、劳动与社会发展、劳动与经济运行、劳动异化与阶级压迫、劳动与文明进步五个篇章，涵盖经济建设、政治建设、文化建设、社会建设、生态文明建设各个领域。作为第一部系统、全面整理劳动相关隽语箴言的著作，本书以马克思主义劳动观为指导，以弘扬劳动精神为旨要，每

条均标明出处，所摘内容未做任何删改、润
色，力求保持各条箴言原本的时代感和鲜活
性。由于水平有限，不妥及疏漏之处，敬请
读者批评指正。

编　者

2019 年 3 月

于中国劳动关系学院

劳动箴言
LABOR
PROVERBS

CONTENTS
目 录

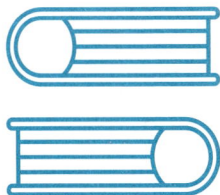

劳动与人的存在

第一篇

LABOR

PROVERBS

如果一个人只为自己劳动，他也许能够成为著名的学者、伟大的哲人、卓越的诗人，然而他永远不能成为完美的、真正伟大的人物。

《青年在选择职业时的考虑》，《马克思恩格斯全集》第一卷，人民出版社 1995 年版，第 459 页。

历史把那些为共同目标工作因而自己变得高尚的人称为最伟大的人物；经验赞美那些为大多数人带来幸福的人是最幸福的人；宗教本身也教诲我们，人人敬仰的典范，就曾为人类而牺牲自己——有谁敢否定这类教诲呢？

《青年在选择职业时的考虑》,《马克思恩格斯全集》第一卷，人民出版社1995年版，第459页。

如果我们选择了最能为人类而工作的职业，那么，重担就不能把我们压倒，因为这是为大家作出的牺牲；那时我们所享受的就不是可怜的、有限的、自私的乐趣，我们的幸福将属于千百万人，我们的事业将悄然无声地存在下去，但是它会永远发挥作用，而面对我们的骨灰，高尚的人们将洒下热泪。

《青年在选择职业时的考虑》，《马克思恩格斯全集》第一卷，人民出版社 1995 年版，第 459 页。

工人自己的劳动使工人离开的那个共同体是生活本身，是物质生活和精神生活、人的道德、人的活动、人的享受、人的本质。

《评普鲁士人的〈普鲁士国王和社会改革〉一文》，《马克思恩格斯全集》第三卷，人民出版社 2002 年版，第 394 页。

正是傅立叶第一个确立了社会哲学的伟大原理；因为每一个个人都爱好或者偏爱某种劳动，一切个人的这些爱好的总和，一般说来，必然会形成一种足以满足一切人的需要的力量。

《大陆上社会改革的进展》，《马克思恩格斯全集》第三卷，人民出版社 2002 年版，第 477 页。

傅立叶证明，每个人生下来就爱好某种劳动；绝对懒惰是胡说，这种情形从来没有过，也不可能有；人类精神的本质就在于使自己有活动力，并且促使肉体活动；因此，没有必要像在现今的社会状态下那样强迫人们活动，只要给人们生来就有的活动需要以正确的指导就行了。

《大陆上社会改革的进展》，《马克思恩格斯全集》第三卷，人民出版社 2002 年版，第 478 页。

把劳动变成做苦工，把享受变成大多数劳动者得不到的东西，是不合理的。

《大陆上社会改革的进展》，《马克思恩格斯全集》第三卷，人民出版社 2002 年版，第 478 页。

在合理的制度下，让每个人根据自己的爱好工作，劳动就能成为所要成为的东西，成为一种享受。

《大陆上社会改革的进展》，《马克思恩格斯全集》第一卷，人民出版社 2002 年版，第 478 页。

因为劳动有一种永恒的高尚性，甚至神圣性。一个人尽管非常消沉，忘了自己的崇高使命，但如果他能实际地认真从事劳动，他还是有希望的；只有过寄生生活才是绝路一条。

《英国状况 评托马斯·卡莱尔的〈过去和现在〉》，《马克思恩格斯全集》第三卷，人民出版社 2002 年版，第 513 页。

坚决想要完成已经开始的工作，这个愿望本身就使人越来越接近真理、接近自然界的命令和规律。——劳动具有不可估量的意义；人通过劳动而不断完美。

《英国状况　评托马斯·卡莱尔的〈过去和现在〉》，《马克思恩格斯全集》第三卷，人民出版社 2002 年版，第 513 页。

活动上，劳动上的差别会引起价值和幸福（或者消费、工资、欢乐，这些都是一个东西）的差别，因为每个人自己决定自己的幸福和自己的劳动。

《真正的社会主义》，《马克思恩格斯全集》第三卷，人民出版社1960年版，第638页。

人是唯一能够挣脱纯粹动物状态的动物——他的正常状态是一种同他的意识相适应的状态，是需要他自己来创造的状态。

《自然辩证法》,《马克思恩格斯全集》第二十六卷，人民出版社 2014 年版，第 464 页。

政治经济学家说：劳动是一切财富的源泉。其实，劳动和自然界在一起才是一切财富的源泉，自然界为劳动提供材料，劳动把材料转变为财富。但是劳动的作用还远不止于此。劳动是整个人类生活的第一个基本条件，而且达到这样的程度，以致我们在某种意义上不得不说：劳动创造了人本身。

《自然辩证法》，《马克思恩格斯全集》第二十六卷，人民出版社 2014 年版，第 759 页。

手不仅是劳动的器官，它还是劳动的产物。

《自然辩证法》,《马克思恩格斯全集》第二十六卷，人民出版社 2014 年版，第 761 页。

语言是从劳动中并和劳动一起产生出来的。

《自然辩证法》,《马克思恩格斯全集》第二十六卷, 人民出版社 2014 年版, 第 762 页。

随着手的发展、随着劳动而开始的人对自然的支配，在每一新的进展中扩大了人的眼界。

《自然辩证法》，《马克思恩格斯全集》第二十六卷，人民出版社 2014 年版，第 762 页。

首先是劳动，然后是语言和劳动一起，成了两个最主要的推动力，在它们的影响下，猿脑就逐渐地过渡到人脑；后者和前者虽然十分相似，但是要大得多和完善得多。

《自然辩证法》,《马克思恩格斯全集》第二十六卷，人民出版社 2014 年版，第 763 页。

劳动是从制造工具开始的。

《自然辩证法》,《马克思恩格斯全集》第二十六卷,人民出版社 2014 年版,第 765 页。

动物仅仅利用外部自然界，简单地通过自身的存在在自然界中引起变化；而人则通过他所作出的改变来使自然界为自己的目的服务，来支配自然界。这便是人同其他动物的最终的本质的差别，而造成这一差别的又是劳动。

《自然辩证法》，《马克思恩格斯全集》第二十六卷，人民出版社 2014 年版，第 768 页。

　　劳动是劳动者的直接的生活来源，但同时也是他的个人存在的积极实现。

《詹姆斯·穆勒〈政治经济学原理〉一书摘要》，《马克思恩格斯全集》第四十二卷，人民出版社 1979 年版，第 28 页。

我的劳动是自由的生命表现，因此是生活的乐趣。

《詹姆斯·穆勒〈政治经济学原理〉一书摘要》，《马克思恩格斯全集》第四十二卷，人民出版社 1979 年版，第 38 页。

劳动是人在外化范围之内的或者作为外化的人的自为的生成。

《1844年经济学哲学手稿》,《马克思恩格斯文集》第一卷,人民出版社2009年版,第205页。

机器是劳动工具的集合，但决不是工人本身的各种劳动的组合。

《哲学的贫困》,《马克思恩格斯选集》第一卷，人民出版社 2012 年版，第 245 页。

一个人在体力或智力上胜过另一个人，因此在同一时间内提供较多的劳动，或者能够劳动较长的时间；而劳动，要当做尺度来用，就必须按照它的时间或强度来确定，不然它就不成其为尺度了。

《哥达纲领批判》，《马克思恩格斯选集》第三卷，人民出版社 2012 年版，第 364 页。

生产者的权利是同他们提供的劳动成比例的；平等就在于以同一尺度——劳动——来计量。

《哥达纲领批判》,《马克思恩格斯选集》第三卷,人民出版社 2012 年版, 第 364 页。

谁肯认真地工作，谁就能做出许多成绩，就能超群出众。

《恩格斯致康拉德·施米特》，《马克思恩格斯选集》第四卷，人民出版社 2012 年版，第 599 页。

少说些漂亮话，多做些平凡的、日常
的工作。

《伟大的创举》，《列宁全集》第三十七卷，人民出
版社 2017 年版，第 20 页。

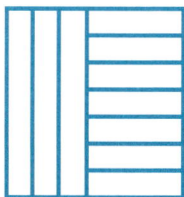

劳动与社会发展

第二篇

LABOR

PROVERBS

在今天的社会里，直接由于竞争的影响，产生了浪费劳动力的现象，因为竞争使大批的人失了业；他们很想工作，但是却得不到工作。既然社会根本不是从考虑劳动力的真正使用上建立起来的，既然每一个人都得自己去寻找生活，那末，在分配真正有益的工作或者似乎有益的工作时，很大一部分工人很自然地就没有工作做了。

《在爱北斐特的演说》，《马克思恩格斯全集》第二卷，人民出版社 1957 年版，第 611 页。

把个别的力量联合成社会的集体力量，以从前彼此对立的力量的这种集中为基础来安排一切，才是劳动力的最大的节省。

《在爱北斐特的演说》，《马克思恩格斯全集》第二卷，人民出版社 1957 年版，第 612 页。

丧失财产的人们和直接劳动的即具体劳动的等级，与其说是市民社会中的一个等级，还不如说是市民社会各集团赖以安身和活动的基础。

《黑格尔法哲学批判》，《马克思恩格斯全集》第三卷，人民出版社 2002 年版，第 100 页。

　　劳动的发展必然促使社会成员更紧密地互相结合起来，因为劳动的发展使互相支持和共同协作的场合增多了，并且使每个人都清楚地意识到这种共同协作的好处。

《自然辩证法》，《马克思恩格斯全集》第二十六卷，人民出版社 2014 年版，第 762 页。

体力劳动是防止一切社会病毒的伟大的消毒剂。

《马克思致弗朗斯瓦·拉法格》,《马克思恩格斯全集》第三十一卷,人民出版社 1972 年版,第 538 页。

只有当现实的个人把抽象的公民复归于自身，并且作为个人，在自己的经验生活、自己的个体劳动、自己的个体关系中间，成为类存在物的时候，只有当人认识到自身"固有的力量"是社会力量，并把这种力量组织起来因而不再把社会力量以政治力量的形式同自身分离的时候，只有到了那个时候，人的解放才能完成。

《论犹太人问题》，《马克思恩格斯文集》第一卷，人民出版社2009年版，第46页。

整个所谓世界历史不外是人通过人的劳动而诞生的过程，是自然界对人来说的生成过程。

《1844年经济学哲学手稿》，《马克思恩格斯文集》第一卷，人民出版社2009年版，第196页。

只有在劳动共和国里面，科学才能起它的真正的作用。

《法兰西内战》,《马克思恩格斯选集》第三卷，人民出版社 2012 年版，第 150 页。

资本、劳动和科学的应用，可以使土地的生产能力无限地提高。

《国民经济学批判大纲》,《马克思恩格斯选集》第一卷，人民出版社 2012 年版，第 38 页。

在资本和土地反对劳动的斗争中，前两个要素比劳动还有一个特殊的优越条件，那就是科学的帮助，因为在目前情况下连科学也是用来反对劳动的。

《国民经济学批判大纲》，《马克思恩格斯选集》第一卷，人民出版社 2012 年版，第 46 页。

人们为了能够"创造历史"，必须能够生活。但是为了生活，首先就需要吃喝住穿以及其他一些东西。因此第一个历史活动就是生产满足这些需要的资料，即生产物质生活本身，而且，这是人们从几千年前直到今天单是为了维持生活就必须每日每时从事的历史活动，是一切历史的基本条件。

《德意志意识形态》，《马克思恩格斯选集》第一卷，人民出版社 2012 年版，第 158 页。

分工只是从物质劳动和精神劳动分离
的时候起才真正成为分工。

《德意志意识形态》,《马克思恩格斯选集》第一
卷、人民出版社 2012 年版,第 162 页。

物质劳动和精神劳动的最大的一次分工，就是城市和乡村的分离。

《德意志意识形态》，《马克思恩格斯选集》第一卷，人民出版社 2012 年版，第 184 页。

在大工业和竞争中，各个人的一切生存条件、一切制约性、一切片面性都融合为两种最简单的形式——私有制和劳动。

《德意志意识形态》，《马克思恩格斯选集》第一卷，人民出版社 2012 年版，第 207 页。

自动工厂中分工的特点，是劳动在这里已完全丧失专业的性质。但是，当一切专门发展一旦停止，个人对普遍性的要求以及全面发展的趋势就开始显露出来。自动工厂消除着专业和职业的痴呆。

《哲学的贫困》，《马克思恩格斯选集》第一卷，人民出版社 2012 年版，第 249 页。

资产阶级在它的不到一百年的阶级统治中所创造的生产力，比过去一切世代创造的全部生产力还要多，还要大。

《共产党宣言》，《马克思恩格斯选集》第一卷，人民出版社 2012 年版，第 405 页。

资产阶级社会早就应该因懒惰而灭亡了，因为在这个社会里劳者不获，获者不劳。

《共产党宣言》，《马克思恩格斯选集》第一卷，人民出版社 2012 年版，第 417 页。

同那个经济贫困和政治昏聩的旧社会相对立，正在诞生一个新社会，而这个新社会的国际原则将是和平，因为每一个民族都将有同一个统治者——劳动！

《法兰西内战》，《马克思恩格斯选集》第三卷，人民出版社 2012 年版，第 61 页。

劳动的解放既不是一个地方的问题，也不是一个国家的问题，而是涉及存在现代社会的一切国家的社会问题，它的解决有赖于最先进的国家在实践上和理论上的合作。

《国际工人协会共同章程》，《马克思恩格斯选集》第三卷，人民出版社 2012 年版，第 171 页。

"劳动只有作为社会的劳动",或者换个说法,"只有在社会中和通过社会","才能成为财富和文化的源泉"。

《哥达纲领批判》,《马克思恩格斯选集》第三卷,人民出版社 2012 年版,第 359 页。

孤立的劳动（假定它的物质条件是具备的）即使能创造使用价值，也既不能创造财富，又不能创造文化。

《哥达纲领批判》，《马克思恩格斯选集》第三卷，人民出版社 2012 年版，第 359 页。

第二篇

只要妇女仍然被排除于社会的生产劳动之外而只限于从事家庭的私人劳动，那么妇女的解放，妇女同男子的平等，现在和将来都是不可能的。

《家庭、私有制和国家的起源》，《马克思恩格斯选集》第四卷，人民出版社 2012 年版，第 178 页。

实际上，没有一种社会形式能够阻止社会所支配的劳动时间以这种或那种方式调节生产。

《马克思致恩格斯》，《马克思恩格斯选集》第四卷，人民出版社 2012 年版，第 467 页。

这种按一定比例分配社会劳动的必要性，决不可能被社会生产的一定形式所取消，而可能改变的只是它的表现方式，这是不言而喻的。

《马克思致路德维希·库格曼》，《马克思恩格斯选集》第四卷、人民出版社2012年版，第473页。

任何一个民族，如果停止劳动，不用说一年，就是几个星期，也要灭亡，这是每一个小孩子都知道的。

《马克思致路德维希·库格曼》,《马克思恩格斯选集》第四卷，人民出版社 2012 年版，第 473 页。

劳动——公共福利的基础。

《我们的大臣们在想些什么?》,《列宁全集》第二卷,人民出版社 2013 年版,第 67 页。

"不劳动者不得食"，这是任何一个劳动者都懂得的。这是一切工人，一切贫苦农民以至中农，一切过过穷日子的人，一切靠自己的工资生活的人都同意的。

《论饥荒》，《列宁全集》第三十四卷，人民出版社2017年版，第334—335页。

对我们来说，重要的就是普遍吸收所有的劳动者来管理国家。这是一项艰巨的任务。

《俄共（布）第七次（紧急）代表大会文献》，《列宁全集》第三十四卷，人民出版社 2017 年版，第 49 页。

要实现共产主义，绝对需要在全国范围内把劳动最高度地最严格地集中起来，这就要首先克服工人在职业上和地区上的散漫性和分散性，因为这种散漫性和分散性是使资本有力量而劳动没有力量的根源之一。

《俄共（布）纲领草案》，《列宁全集》第三十六卷，人民出版社 2017 年版，第 89—90 页。

劳动生产率，归根到底是使新社会制度取得胜利的最重要最主要的东西。

《伟大的创举》,《列宁全集》第三十七卷，人民出版社 2017 年版，第 20 页。

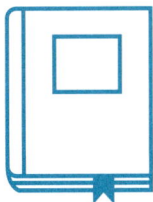

劳动与经济运行

第三篇

LABOR

PROVERBS

工资是由劳动市场的状况来决定，而不是由某些有文学修养的雇农的道义上的愤怒来决定的。

《莱比锡宗教会议》，《马克思恩格斯全集》第三卷，人民出版社 1960 年版，第 451 页。

资本是劳动的结果，它在生产过程中立刻又变成了劳动的基质、劳动的材料。

《国民经济学批判大纲》，《马克思恩格斯选集》第一卷，人民出版社 2012 年版，第 32 页。

所有这些微妙的分裂和划分，都产生于资本和劳动的最初的分开和这一分开的完成，即人类分裂为资本家和工人。……但是，这种分开与我们考察过的土地同资本和劳动分开一样，归根结底是不可能的。

《国民经济学批判大纲》，《马克思恩格斯选集》第一卷，人民出版社 2012 年版，第 32 页。

资本如果没有劳动、没有运动就是虚无。

《国民经济学批判大纲》,《马克思恩格斯选集》第一卷,人民出版社 2012 年版,第 33 页。

劳动是生产的主要要素，是"财富的源泉"，是人的自由活动，但很少受到经济学家的重视。

《国民经济学批判大纲》，《马克思恩格斯选集》第一卷，人民出版社 2012 年版，第 33 页。

最文明的民族也同最不开化的野蛮人一样，必须先保证自己有食物，然后才能考虑去获取别的东西；财富的增长和文明的进步，通常都与生产食品所需要的劳动和费用的减少成相等的比例。

《政治动态。——欧洲缺粮》,《马克思恩格斯全集》第十二卷，人民出版社1998年版，第354页。

除土地以外，劳动是财富的惟一来源，资本本身不过是积累起来的劳动产品而已。

《做一天公平的工作，得一天公平的工资》，《马克思恩格斯全集》第二十五卷，人民出版社 2001 年版，第 490 页。

人类社会脱离动物野蛮阶段以后的一切发展，都是从家庭劳动创造出的产品除了维持自身生活的需要尚有剩余的时候开始的，都是从一部分劳动可以不再用于单纯生活资料的生产，而是用于生产资料的生产的时候开始的。

《反杜林论·政治经济学》，《马克思恩格斯全集》第二十六卷，人民出版社 2014 年版，第 203 页。

劳动产品超出维持劳动的费用而形成剩余，以及社会的生产基金和后备基金靠这种剩余而形成和积累，过去和现在都是一切社会的、政治的和智力的发展的基础。

《反杜林论·政治经济学》，《马克思恩格斯全集》第二十六卷，人民出版社 2014 年版，第 203 页。

并非任何劳动都只是人的简单劳动力的耗费；许多种类的劳动包含着需要耗费或多或少的辛劳、时间和金钱去获得的技巧和知识的运用。

《反杜林论·政治经济学》，《马克思恩格斯全集》第二十六卷，人民出版社 2014 年版，第 207 页。

劳动是一切价值的创造者。

《反杜林论·政治经济学》,《马克思恩格斯全集》
第二十六卷，人民出版社 2014 年版，第 209 页。

只有劳动才赋予已发现的自然产物以一种经济学意义上的价值。

《反杜林论·政治经济学》,《马克思恩格斯全集》第二十六卷, 人民出版社 2014 年版, 第 209 页。

到目前为止的一切生产方式，都仅仅以取得劳动的最近的、最直接的效益为目的。那些只是在晚些时候才显现出来的、通过逐渐的重复和积累才产生效应的较远的结果，则完全被忽视了。

《自然辩证法》，《马克思恩格斯全集》第二十六卷，人民出版社 2014 年版，第 771 页。

只有创造剩余价值的劳动，即只有劳动产品中包含的价值超过生产该产品时消费的价值总和的那种劳动，才是生产的。

《政治经济学批判·剩余价值理论》,《马克思恩格斯全集》第三十三卷，人民出版社 2004 年版，第 19 页。

资本发展的第一个条件，是土地所有权同劳动分离，是土地——劳动的这个最初条件——作为独立的力量，作为掌握在特殊阶级手中的力量同自由劳动者相对立。

《政治经济学批判·剩余价值理论》，《马克思恩格斯全集》第三十三卷，人民出版社2004年版，第23页。

农业劳动是其他一切劳动得以独立存在的自然基础和前提。

《政治经济学批判·剩余价值理论》,《马克思恩格斯全集》第三十三卷,人民出版社2004年版,第27页。

我的劳动只是被看做社会劳动，因而我的劳动的产品作为对等量社会劳动的支配权，决定着我的财富。

《政治经济学批判·剩余价值理论》，《马克思恩格斯全集》第三十三卷，人民出版社 2004 年版，第 52 页。

　　资本只有作为一种关系，——从资本作为对雇佣劳动的强制力量，迫使雇佣劳动提供剩余劳动，或者促使劳动生产力去创造相对剩余价值这一点来说，——才生产价值。

　　《政治经济学批判·剩余价值理论》，《马克思恩格斯全集》第三十三卷，人民出版社 2004 年版，第 71 页。

劳动是我真正的、活动的财产。

《詹姆斯·穆勒〈政治经济学原理〉一书摘要》，
《马克思恩格斯全集》第四十二卷，人民出版社1979
年版，第38页。

依照概念来说，地租和资本利润是工资受到的扣除。但是，在现实中，工资是土地和资本让工人得到的一种扣除，是从劳动产品中让给工人、让给劳动的东西。

《1844 年经济学哲学手稿》，《马克思恩格斯文集》第一卷，人民出版社 2009 年版，第 123 页。

而在社会的增长状态中，工人的毁灭
和贫困化是他的劳动的产物和他生产的
财富的产物。就是说，贫困从现代劳动
本身的本质中产生出来。

《1844年经济学哲学手稿》，《马克思恩格斯文集》
第一卷，人民出版社2009年版，第124页。

劳动生产的不仅是商品，它还生产作为商品的劳动自身和工人，而且是按它一般生产商品的比例生产的。

《1844年经济学哲学手稿》，《马克思恩格斯选集》第一卷，人民出版社2012年版，第51页。

劳动是为每个人设定的天职，而资本是共同体的公认的普遍性和力量。

《1844年经济学哲学手稿》，《马克思恩格斯文集》第一卷，人民出版社2009年版，第184页。

资本和劳动的关系，是我们全部现代社会体系所围绕旋转的轴心。

《卡·马克思〈资本论〉第一卷书评——为〈民主周报〉作》，《马克思恩格斯选集》第二卷，人民出版社 2012 年版，第 70 页。

商品只有作为同一的社会单位即人类劳动的表现才具有价值对象性，因而它们的价值对象性纯粹是社会的，那么不言而喻，价值对象性只能在商品同商品的社会关系中表现出来。

《资本的生产过程·商品和货币》，《马克思恩格斯文集》第五卷，人民出版社 2009 年版，第 61 页。

把劳动产品表现为只是无差别人类劳动的凝结物的一般价值形式，通过自身的结构表明，它是商品世界的社会表现。

《资本的生产过程·商品和货币》，《马克思恩格斯文集》第五卷，人民出版社 2009 年版，第 83 页。

在这个世界中，劳动的一般的人类的性质形成劳动的独特的社会的性质。

《资本的生产过程·商品和货币》,《马克思恩格斯文集》第五卷，人民出版社 2009 年版，第 84 页。

家庭内的分工和家庭各个成员的劳动时间，是由性别年龄上的差异以及随季节而改变的劳动的自然条件来调节的。

《资本的生产过程·商品和货币》,《马克思恩格斯文集》第五卷，人民出版社 2009 年版，第 96 页。

比社会的平均劳动较高级、较复杂的劳动，是这样一种劳动力的表现，这种劳动力比普通劳动力需要较高的教育费用，它的生产要花费较多的劳动时间，因此它具有较高的价值。

《资本的生产过程·绝对剩余价值的生产》，《马克思恩格斯文集》第五卷，人民出版社 2009 年版，第230 页。

平等地剥削劳动力，是资本的首要的人权。

《资本的生产过程·绝对剩余价值的生产》，《马克思恩格斯全集》第四十二卷，人民出版社 2016 年版，第 294 页。

　　在大多数生产劳动中，单是社会接触就会引起竞争心和特有的精力振奋，从而提高每个人的个人工作效率。

　　《资本的生产过程·相对剩余价值的生产》，《马克思恩格斯全集》第四十二卷，人民出版社2016年版，第332页。

在现代农业中，像在城市工业中一样，劳动生产力的提高和劳动量的增大是以劳动力本身的破坏和衰退为代价的。

《资本的生产过程·相对剩余价值的生产》，《马克思恩格斯全集》第四十二卷，人民出版社 2016 年版，第 519 页。

资本主义农业的任何进步，都不仅是掠夺劳动者的技巧的进步，而且是掠夺土地的技巧的进步，在一定时期内提高土地肥力的任何进步，同时也是破坏土地肥力持久源泉的进步。

《资本的生产过程·相对剩余价值的生产》，《马克思恩格斯全集》第四十二卷，人民出版社 2016 年版，第 519 页。

在劳动强度和劳动生产力已定的情况下，劳动在一切有劳动能力的社会成员之间分配得越平均，一个社会阶层把劳动的自然必然性从自身上解脱下来并转嫁给另一个社会阶层的可能性越小，社会工作日中用于物质生产的必要部分就越小，从而用于个人的自由活动，脑力活动和社会活动的时间部分就越大。从这一方面来说，工作日的缩短的绝对界限就是劳动的普遍化。

《资本的生产过程·对绝对剩余价值和相对剩余价值生产的进一步考察》，《马克思恩格斯全集》第四十二卷，人民出版社2016年版，第543页。

从资本主义生产的意义上说，生产劳动是雇佣劳动，它同资本的可变部分（花在工资上的那部分资本）相交换，不仅把这部分资本（也就是自己劳动能力的价值）再生产出来，而且，除此之外，还为资本家生产剩余价值。

《〈政治经济学批判（1861—1863年手稿）〉摘选·生产劳动和非生产劳动的区分问题》，《马克思恩格斯文集》第八卷，人民出版社2009年版，第213页。

很明显，医生和教师的劳动不直接创造用来支付他们报酬的基金，尽管他们的劳动加入创造一切价值的那个基金的生产费用，即加入劳动能力的生产费用。

《〈政治经济学批判（1861—1863年手稿）〉摘选·生产劳动和非生产劳动的区分问题》，《马克思恩格斯文集》第八卷，人民出版社2009年版，第229页。

劳动包括资本，并且除资本之外还包括经济学家没有想到的第三要素，我指的是简单劳动这一肉体要素以外的发明和思想这一精神要素。

《国民经济学批判大纲》,《马克思恩格斯选集》第一卷，人民出版社 2012 年版，第 28 页。

贷款生息，即不花劳动单凭贷款获得收入，是不道德的，虽然这种不道德已经包含在私有制中，但毕竟还是太明显，并且早已被不持偏见的人民意识看穿了，而人民意识在认识这类问题上通常总是正确的。

《国民经济学批判大纲》，《马克思恩格斯选集》第一卷，人民出版社 2012 年版，第 32 页。

土地出产原材料，但这里并非没有资本和劳动；资本以土地和劳动为前提，而劳动至少以土地，在大多数场合还以资本为前提。

《国民经济学批判大纲》，《马克思恩格斯选集》第一卷，人民出版社 2012 年版，第 32 页。

利润把自己的意义归结为资本在决定生产费用时置于天平上的砝码，它仍是资本所固有的部分，正如资本本身将回到它与劳动的最初统一体一样。

《国民经济学批判大纲》,《马克思恩格斯选集》第一卷，人民出版社 2012 年版，第 33 页。

既然商品的交换价值不过是这些东西的社会职能，与它们的自然属性毫不相关，那么我们首先要问，所有商品共同的社会实体是什么呢？这就是劳动。

《工资、价格和利润》，《马克思恩格斯选集》第二卷，人民出版社 2012 年版，第 38 页。

我们如果把商品看做是价值，我们是只把它们看做体现了的、凝固了的或所谓结晶了的社会劳动。

《工资、价格和利润》，《马克思恩格斯选集》第二卷、人民出版社 2012 年版，第 38 页。

劳动的社会力的日益改进，引起这种改进的是：大规模的生产，资本的积聚，劳动的结合，分工，机器，改良的方法，化学力和其他自然力的应用，利用交通和运输工具而达到时间和空间的缩短，以及其他各种发明，科学就是靠这些发明来驱使自然力为劳动服务，劳动的社会性质或协作性质也由于这些发明而得以发展。

《工资、价格和利润》，《马克思恩格斯选集》第二卷、人民出版社 2012 年版，第 42 页。

商品的价值与生产这些商品所耗费的劳动时间成正比，而与所耗费的劳动的生产力成反比。

《工资、价格和利润》，《马克思恩格斯选集》第二卷，人民出版社 2012 年版，第 42 页。

劳动的人脱离劳动工具的现象一旦成为事实，就会继续保持下去，还会以不断扩大的规模再生产出来，直到生产方式方面的一种新的、根本的革命把它消灭，并以新的历史形式再恢复这种原始的统一为止。

《工资、价格和利润》,《马克思恩格斯选集》第二卷，人民出版社 2012 年版，第 46 页。

劳动力的价值，是由生产、发展、维持和延续劳动力所必需的生活必需品的价值决定的。

《工资、价格和利润》，《马克思恩格斯选集》第二卷，人民出版社 2012 年版，第 47 页。

社会必要劳动时间是在现有的社会正常的生产条件下，在社会平均的劳动熟练程度和劳动强度下制造某种使用价值所需要的劳动时间。

《〈资本论〉第一卷（节选）·商品和货币》，《马克思恩格斯选集》第二卷，人民出版社 2012 年版，第 99 页。

劳动生产力是由多种情况决定的，其中包括：工人的平均熟练程度，科学的发展水平和它在工艺上应用的程度，生产过程的社会结合，生产资料的规模和效能，以及自然条件。

《〈资本论〉第一卷（节选）·商品和货币》,《马克思恩格斯选集》第二卷，人民出版社 2012 年版，第 100 页。

劳动生产力越高，生产一种物品所需要的劳动时间就越少，凝结在该物品中的劳动量就越小，该物品的价值就越小。

《〈资本论〉第一卷（节选）·商品和货币》，《马克思恩格斯选集》第二卷，人民出版社 2012 年版，第 100 页。

商品的价值量与实现在商品中的劳动的量成正比地变动，与这一劳动的生产力成反比地变动。

《〈资本论〉第一卷（节选）·商品和货币》，《马克思恩格斯选集》第二卷，人民出版社 2012 年版，第 100 页。

一切劳动，一方面是人类劳动力在生理学意义上的耗费；就相同的或抽象的人类劳动这个属性来说，它形成商品价值。一切劳动，另一方面是人类劳动力在特殊的有一定目的的形式上的耗费；就具体的有用的劳动这个属性来说，它生产使用价值。

《〈资本论〉第一卷（节选）·商品和货币》，《马克思恩格斯选集》第二卷，人民出版社2012年版，第106页。

充当等价物的商品的物体总是当做抽象人类劳动的化身，同时又总是某种有用的、具体的劳动的产品。因此，这种具体劳动就成为抽象人类劳动的表现。

《〈资本论〉第一卷（节选）·商品和货币》，《马克思恩格斯选集》第二卷，人民出版社 2012 年版，第 113 页。

我们把劳动力或劳动能力，理解为一个人的身体即活的人体中存在的、每当他生产某种使用价值时就运用的体力和智力的总和。

《〈资本论〉第一卷（节选）·货币转化为资本》，《马克思恩格斯选集》第二卷，人民出版社2012年版，第164页。

劳动首先是人和自然之间的过程，是人以自身的活动来中介、调整和控制人和自然之间的物质变换的过程。

《〈资本论〉第一卷（节选）·绝对剩余价值的生产》，《马克思恩格斯选集》第二卷，人民出版社2012年版，第169页。

劳动过程的简单要素是：有目的的活动或劳动本身，劳动对象和劳动资料。

《〈资本论〉第一卷（节选）·绝对剩余价值的生产》,《马克思恩格斯选集》第二卷，人民出版社2012年版，第170页。

劳动资料不仅是人类劳动力发展的测量器，而且是劳动借以进行的社会关系的指示器。

《〈资本论〉第一卷（节选）·绝对剩余价值的生产》，《马克思恩格斯选集》第二卷，人民出版社2012年版，第172页。

结合劳动的效果要么是单个人劳动根本不可能达到的，要么只能在长得多的时间内，或者只能在很小的规模上达到。这里的问题不仅是通过协作提高了个人生产力，而且是创造了一种生产力，这种生产力本身必然是集体力。

《〈资本论〉第一卷（节选）·相对剩余价值的生产》,《马克思恩格斯选集》第二卷，人民出版社2012年版，第207页。

一切规模较大的直接社会劳动或共同劳动，都或多或少地需要指挥，以协调个人的活动，并执行生产总体的运动——不同于这一总体的独立器官的运动——所产生的各种一般职能。

《〈资本论〉第一卷（节选）·相对剩余价值的生产》,《马克思恩格斯选集》第二卷，人民出版社2012年版，第208页。

大工业把巨大的自然力和自然科学并入生产过程，必然大大提高劳动生产率，这一点是一目了然的。

《〈资本论〉第一卷（节选）·相对剩余价值的生产》，《马克思恩格斯选集》第二卷，人民出版社 2012 年版，第 218 页。

如果生产这些劳动资料的部门的劳动生产力发展了，而劳动生产力是随着科学和技术的不断进步而不断发展的，那么旧的机器、工具、器械等等就会被效率更高的、从功效来说更便宜的机器、工具和器械等等所代替。

《〈资本论〉第一卷（节选）·资本的积累过程》，《马克思恩格斯选集》第二卷，人民出版社 2012 年版，第 271 页。

随着大工业的发展，现实财富的创造较少地取决于劳动时间和已耗费的劳动量，较多地取决于在劳动时间内所运用的作用物的力量，而这种作用物自身——它们的巨大效率——又和生产它们所花费的直接劳动时间不成比例，而是取决于科学的一般水平和技术进步，或者说取决于这种科学在生产上的应用。

《〈政治经济学批判（1857—1858 年手稿）〉摘选》，
《马克思恩格斯选集》第二卷，人民出版社 2012 年版，
第 782—783 页。

自然界没有造出任何机器，没有造出机车、铁路、电报、自动走锭精纺机等等。它们是人的产业劳动的产物，是转化为人的意志驾驭自然界的器官或者说在自然界实现人的意志的器官的自然物质。它们是人的手创造出来的人脑的器官；是对象化的知识力量。

《〈政治经济学批判（1857—1858 年手稿）〉摘选》，《马克思恩格斯选集》第二卷，人民出版社 2012 年版，第 784—785 页。

劳动社会化通过无数种形式日益迅速地向前发展，在马克思去世后的半个世纪以来，特别明显地表现在大生产与资本家的卡特尔、辛迪加和托拉斯的增长以及金融资本的规模和势力的巨大增长上，——这就是社会主义必然到来的主要物质基础。

《卡尔·马克思》，《列宁全集》第二十六卷，人民出版社 2017 年版，第 74 页。

在任何社会主义革命中，当无产阶级夺取政权的任务解决以后，随着剥夺剥夺者及镇压他们反抗的任务大体上和基本上解决，必然要把创造高于资本主义的社会结构的根本任务提到首要地位，这个根本任务就是：提高劳动生产率。

《苏维埃政权的当前任务》，《列宁全集》第三十四卷，人民出版社 2017 年版，第 168 页。

提高劳动生产率，首先需要保证大工业的物质基础，即发展燃料、铁、机器制造业、化学工业的生产。

《苏维埃政权的当前任务》，《列宁全集》第三十四卷，人民出版社 2017 年版，第 169 页。

提高劳动生产率是根本任务之一，因为不这样就不可能最终地过渡到共产主义。

《俄共（布）纲领草案》，《列宁全集》第三十六卷，人民出版社 2017 年版，第 89 页。

在一个经济遭到破坏的国家里，第一个任务就是拯救劳动者。全人类的首要的生产力就是工人，劳动者。

《在全俄社会教育第一次代表大会上的讲话》，《列宁全集》第三十六卷，人民出版社 2017 年版，第 346 页。

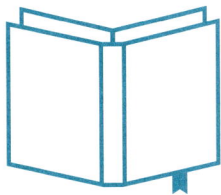

劳动异化与分配不公

第四篇

LABOR
PROVERBS

　　在与资本家的竞争中，劳动者不仅处于不利地位，而且还要拖着钉在脚上的铁球。

　　《做一天公平的工作，得一天公平的工资》，《马克思恩格斯全集》第二十五卷，人民出版社2001年版，第490页。

　　只要社会总劳动所提供的产品除了满足社会全体成员最起码的生活需要以外只有少量剩余，就是说，只要劳动还占去社会大多数成员的全部或几乎全部时间，这个社会就必然划分为阶级。

《反杜林论·社会主义》，《马克思恩格斯全集》第二十六卷，人民出版社 2014 年版，第 299 页。

马克思和我曾经多少次为我们没有掌握一种资产阶级所必需的手艺而感到遗憾，因为资产者没有体力劳动的产品也是活不下去的！

《致帕·马尔提涅蒂》，《马克思恩格斯全集》第三十六卷，人民出版社1975年版，第582—583页。

在资本主义社会里，一个阶级享有自由时间，是由于群众的全部生活时间都转化为劳动时间了。

《绝对剩余价值和相对剩余价值的生产》,《马克思恩格斯文集》第五卷，人民出版社 2009 年版，第 605—606 页。

金钱是人的劳动和人的存在的同人相异化的本质；这种异己的本质统治了人，而人则向它顶礼膜拜。

《论犹太人问题》,《马克思恩格斯文集》第一卷，人民出版社 2009 年版，第 52 页。

这样，资本、地产和劳动的分离，只有对工人来说才是必然的、本质的和有害的分离。

《1844年经济学哲学手稿》,《马克思恩格斯文集》第一卷，人民出版社2009年版，第115页。

劳动促进资本的积累，从而也促进社会富裕程度的提高，同时却使工人越来越依附于资本家，引起工人间更剧烈的竞争，使工人卷入生产过剩的追猎活动；跟随生产过剩而来的是同样急剧的生产衰落。

《1844年经济学哲学手稿》，《马克思恩格斯文集》第一卷，人民出版社2009年版，第123页。

劳动本身，不仅在目前的条件下，而且就其一般目的仅仅在于增加财富而言，在我看来是有害的、招致灾难的，这是从国民经济学家的阐发中得出的，尽管他并不知道这一点。

《1844 年经济学哲学手稿》,《马克思恩格斯文集》第一卷，人民出版社 2009 年版，第 123 页。

劳动所生产的对象，即劳动的产品，作为一种异己的存在物，作为不依赖于生产者的力量，同劳动相对立。

《1844年经济学哲学手稿》，《马克思恩格斯选集》第一卷，人民出版社 2012 年版，第 51 页。

劳动的产品是固定在某个对象中的、物化的劳动，这就是劳动的对象化。劳动的现实化就是劳动的对象化。

《1844年经济学哲学手稿》，《马克思恩格斯选集》第一卷，人民出版社2012年版，第51页。

当然，劳动为富人生产了奇迹般的东西，但是为工人生产了赤贫。劳动生产了宫殿，但是给工人生产了棚舍。劳动生产了美，但是使工人变成畸形。劳动用机器代替了手工劳动，但是使一部分工人回到野蛮的劳动，并使另一部分工人变成机器。劳动生产了智慧，但是给工人生产了愚钝和痴呆。

《1844年经济学哲学手稿》，《马克思恩格斯选集》第一卷，人民出版社2012年版，第53页。

劳动对它的产品的直接关系，是工人对他的生产的对象的关系。

《1844年经济学哲学手稿》,《马克思恩格斯选集》第一卷，人民出版社2012年版，第53页。

对人来说，异化劳动把类生活变成维持个人生活的手段。第一，它使类生活和个人生活异化；第二，它把抽象形式的个人生活变成同样是抽象形式和异化形式的类生活的目的。

《1844年经济学哲学手稿》,《马克思恩格斯选集》第一卷，人民出版社 2012 年版，第 56 页。

劳动这种生命活动、这种生产生活本身对人来说不过是满足一种需要即维持肉体生存的需要的一种手段。

《1844 年经济学哲学手稿》,《马克思恩格斯选集》第一卷,人民出版社 2012 年版,第 56 页。

异化劳动使人自己的身体同人相异化，同样也使在人之外的自然界同人相异化，使他的精神本质、他的人的本质同人相异化。

《1844年经济学哲学手稿》，《马克思恩格斯选集》第一卷，人民出版社 2012 年版，第 57—58 页。

工资是异化劳动的直接结果，而异化劳动是私有财产的直接原因。

《1844年经济学哲学手稿》，《马克思恩格斯选集》第一卷，人民出版社2012年版，第61页。

劳动和资本的这种对立一达到极端，就必然是整个关系的顶点、最高阶段和灭亡。

《1844年经济学哲学手稿》,《马克思恩格斯文集》第一卷，人民出版社2009年版，第172页。

获得自由的、本身自为地构成的工业
和获得自由的资本，是劳动的必然发展。

《1844年经济学哲学手稿》,《马克思恩格斯文集》
第一卷，人民出版社 2009 年版，第 173 页。

劳动不过是人的一种特定的、特殊的外化，正像劳动产品还被理解为一种特定的财富——与其说来源于劳动本身，不如说来源于自然界的财富。

《1844年经济学哲学手稿》，《马克思恩格斯文集》第一卷，人民出版社2009年版，第181页。

因为劳动只是人的活动在外化范围内的表现，只是作为生命外化的生命表现，所以分工也无非是人的活动作为真正类活动或作为类存在物的人的活动的异化的、外化的设定。

《1844年经济学哲学手稿》，《马克思恩格斯文集》第一卷，人民出版社2009年版，第237页。

如果说自愿的生产活动是我们所知道的最高的享受，那么强制劳动就是一种最残酷最带侮辱性的折磨。

《英国工人阶级状况》，《马克思恩格斯文集》第一卷，人民出版社 2009 年版，第 432 页。

要是工人不把自己的全部力量用于劳动，他就对付不了自己的竞争者。

《国民经济学批判大纲》,《马克思恩格斯选集》第一卷，人民出版社 2012 年版，第 38 页。

在一切生产工具中，最强大的一种生产力是革命阶级本身。

《哲学的贫困》，《马克思恩格斯选集》第一卷，人民出版社2012年版，第274页。

现代的工人只有当他们找到工作的时候才能生存，而且只有当他们的劳动增殖资本的时候才能找到工作。

《共产党宣言》,《马克思恩格斯选集》第一卷，人民出版社 2012 年版，第 407 页。

在资产阶级社会里，资本具有独立性和个性，而活动着的个人却没有独立性和个性。

《共产党宣言》,《马克思恩格斯选集》第一卷，人民出版社 2012 年版，第 415 页。

代替那存在着阶级和阶级对立的资产阶级旧社会的，将是这样一个联合体，在那里，每个人的自由发展是一切人的自由发展的条件。

《共产党宣言》，《马克思恩格斯选集》第一卷，人民出版社 2012 年版，第 422 页。

劳动一解放，每个人都变成工人，于是生产劳动就不再是一种阶级属性了。

《法兰西内战》,《马克思恩格斯选集》第三卷，人民出版社 2012 年版，第 102 页。

劳动者在经济上受劳动资料即生活源泉的垄断者的支配，是一切形式的奴役的基础，是一切社会贫困、精神沉沦和政治依附的基础。

《国际工人协会共同章程》，《马克思恩格斯选集》第三卷，人民出版社 2012 年版，第 171 页。

只要千百万劳动者团结得像一个人一样，跟随本阶级的优秀分子前进，胜利也就有了保证。

《两次留声机片录音讲话》，《列宁全集》第三十八卷，人民出版社 2017 年版，第 270 页。

　　平等如果同劳动摆脱资本压迫的利益

相抵触，那就是骗人的东西。

　　《在全俄社会教育第一次代表大会上的讲话》,《列
宁选集》第三卷，人民出版社 2012 年版，第 816 页。

如果我们能够拯救劳动者，拯救人类的主要生产力——工人，我们就能挽救一切，如果我们不能拯救工人，我们就会灭亡。

《在全俄社会教育第一次代表大会上的讲话》，《列宁选集》第三卷，人民出版社 2012 年版，第 821 页。

为了完全消灭阶级，不仅要推翻剥削者即地主和资本家，不仅要废除他们的所有制，而且要废除任何生产资料私有制，要消灭城乡之间、体力劳动者和脑力劳动者之间的差别。

《伟大的创举》，《列宁选集》第四卷，人民出版社2012年版，第11页。

劳动与文明进步

第五篇
LABOR
PROVERBS

　　第一个措施是由国家出资对一切儿童毫无例外地实行普通教育，这种教育对任何人都是一样，一直进行到能够作为社会的独立成员的年龄为止……

　　第二个措施是全面改组济贫所，把所有失业公民都安置在移民区内，让他们在里面从事工农业劳动，并把他们的劳动组织起来为全移民区造福。

　　《在爱北斐特的演说》，《马克思恩格斯全集》第二卷，人民出版社 1957 年版，第 614—615 页。

在合理的社会制度下，每个儿童从 9 岁起都应当成为生产劳动者，就像任何身体健全的成年人一样，必须无例外地服从那普遍的自然规律，即：为了吃饭，必须劳动，不仅要用脑劳动，而且也要用双手劳动。

《给临时中央委员会代表的关于若干问题的指示》，《马克思恩格斯全集》第二十一卷，人民出版社 2003 年版，第 269 页。

我们把教育理解为以下三件事：

第一：智育。

第二：体育，即体育学校和军事训练所教的内容。

第三：技术培训，这种培训要以生产各个过程的一般原理为内容，并同时使儿童和少年学会各种行业基本工具的实际运用与操作。

《给临时中央委员会代表的关于若干问题的指示》，《马克思恩格斯全集》第二十一卷，人民出版社 2003 年版，第 270 页。

对未成年劳动者应按不同类别循序渐

进地施以智力、体育和技术方面的培训。

《给临时中央委员会代表的关于若干问题的指示》，
《马克思恩格斯全集》第二十一卷，人民出版社 2003
年版，第 270 页。

不言而喻，法律应当严格禁止雇用9—17岁（包括17岁在内）的人在夜间和在一切有害健康的行业里劳动。

《给临时中央委员会代表的关于若干问题的指示》，《马克思恩格斯全集》第二十一卷，人民出版社2003年版，第271页。

把有报酬的生产劳动、智育、体育和综合技术培训结合起来，就会把工人阶级提高到比贵族和资产阶级高得多的水平。

《给临时中央委员会代表的关于若干问题的指示》，《马克思恩格斯全集》第二十一卷，人民出版社2003年版，第271页。

通过社会化生产，不仅可能保证一切社会成员有富足的和一天比一天充裕的物质生活，而且还可能保证他们的体力和智力获得充分的自由的发展和运用，这种可能性现在第一次出现了，但它确实是出现了。

《反杜林论·社会主义》，《马克思恩格斯全集》第二十六卷，人民出版社 2014 年版，第 300 页。

生产劳动给每一个人提供全面发展和表现自己的全部能力即体能和智能的机会，这样，生产劳动就不再是奴役人的手段，而成了解放人的手段，因此，生产劳动就从一种负担变成一种快乐。

《反杜林论·社会主义》，《马克思恩格斯全集》第二十六卷，人民出版社 2014 年版，第 311 页。

　　未来教育对所有已满一定年龄的儿童来说，就是生产劳动同智育和体育相结合，它不仅是提高社会生产的一种方法，而且是造就全面发展的人的唯一方法。

　　《反杜林论·社会主义》，《马克思恩格斯全集》第二十六卷，人民出版社 2014 年版，第 340 页。

在社会主义社会中，劳动将和教育相结合，从而既使多方面的技术训练也使科学教育的实践基础得到保障。

《反杜林论·社会主义》，《马克思恩格斯全集》第二十六卷，人民出版社 2014 年版，第 340 页。

　　教育将使年轻人能够很快熟悉整个生产系统，将使他们能够根据社会需要或者他们自己的爱好，轮流从一个生产部门转到另一个生产部门。因此，教育将使他们摆脱现在这种分工给每个人造成的片面性。

　　《共产主义原理》,《马克思恩格斯选集》第一卷，人民出版社 2012 年版，第 308 页。

在资产阶级社会里，活的劳动只是增殖已经积累起来的劳动的一种手段。在共产主义社会里，已经积累起来的劳动只是扩大、丰富和提高工人的生活的一种手段。

《共产党宣言》，《马克思恩格斯选集》第一卷，人民出版社 2012 年版，第 415 页。

共产主义并不剥夺任何人占有社会产品的权力，它只剥夺利用这种占有去奴役他人劳动的权力。

《共产党宣言》，《马克思恩格斯选集》第一卷，人民出版社2012年版，第416页。

一旦没有资本，也就不再有雇佣劳动了。

《共产党宣言》,《马克思恩格斯选集》第一卷，人民出版社 2012 年版，第 417 页。

对所有儿童实行公共的和免费的教育。取消现在这种形式的儿童的工厂劳动。把教育同物质生产结合起来，等等。

《共产党宣言》，《马克思恩格斯选集》第一卷，人民出版社 2012 年版，第 422 页。

　　如果说工厂立法作为从资本那里争取来的最初的微小让步，只是把初等教育同工厂劳动结合起来，那么毫无疑问，工人阶级在不可避免地夺取政权之后，将使理论的和实践的工艺教育在工人学校中占据应有的位置。

《〈资本论〉第一卷（节选）·相对剩余价值的生产》，《马克思恩格斯选集》第二卷，人民出版社2012年版，第232页。

只有一个人一开始就以所有者的身份来对待自然界这个一切劳动资料和劳动对象的第一源泉，把自然界当做属于他的东西来处置，他的劳动才成为使用价值的源泉，因而也成为财富的源泉。

《哥达纲领批判·德国工人党纲领批注》，《马克思恩格斯选集》第三卷，人民出版社2012年版，第357页。

在共产主义社会高级阶段，在迫使个人奴隶般地服从分工的情形已经消失，从而脑力劳动和体力劳动的对立也随之消失之后；在劳动已经不仅仅是谋生的手段，而且本身成了生活的第一需要之后；在随着个人的全面发展，他们的生产力也增长起来，而集体财富的一切源泉都充分涌流之后，——只有在那个时候，才能完全超出资产阶级权利的狭隘眼界，社会才能在自己的旗帜上写上：各尽所能，按需分配！

《哥达纲领批判·德国工人党纲领批注》，《马克思恩格斯选集》第三卷，人民出版社2012年版，第364—365页。

在按照不同的年龄阶段严格调节劳动时间并采取其他保护儿童的预防措施的条件下，生产劳动和教育的早期结合是改造现代社会的最强有力的手段之一。

《〈新时代〉杂志摘录》，《列宁全集》第五十九卷，人民出版社 2017 年版，第 163 页。

希望你们的努力将获得成功，能使大学生们意识到，从他们的行列中应该产生出脑力劳动无产阶级，它的使命是在即将来临的革命中同自己从事体力劳动的工人兄弟在一个队伍里肩并肩地发挥重要作用。

《致国际社会主义者大学生代表大会》，《马克思恩格斯选集》第四卷，人民出版社 2012 年版，第 301 页。

没有年轻一代的教育和生产劳动的结合，未来社会的理想是不能想象的：无论是脱离生产劳动的教学和教育，或是没有同时进行教学和教育的生产劳动，都不能达到现代技术水平和科学知识现状所要求的高度。

《民粹主义空想计划的典型》，《列宁全集》第二卷，人民出版社 2013 年版，第 463—464 页。

为了使普遍生产劳动同普遍教育相结合，显然必须使所有的人都担负参加生产劳动的义务。

《民粹主义空想计划的典型》，《列宁全集》第二卷，人民出版社 2013 年版，第 464 页。

凡是从事劳动的人，凡是用自己的劳动养活富翁和显贵的人，凡是为了得到微薄的工资而在过度繁重的劳动中过活的人，凡是从来没有享受到自己的劳动果实的人，凡是在我们的文明带来的奢侈和豪华中过着牛马生活的人，都在伸出手来为工人的解放和幸福而斗争。

《五一节》，《列宁全集》第十卷，人民出版社 2017 年版，第 63 页。

全体工人是兄弟，他们的坚固联盟，是全体劳动人民和被压迫的人类争取幸福和美好生活的唯一保障。

《五一节》，《列宁全集》第十卷，人民出版社2017年版，第63页。

现在继续争取自由的伟大任务，也只有在无产阶级引导被剥削劳动群众所进行的革命斗争中才可能完成，而且才一定会完成。

《关于出版〈工人报〉的通告》，《列宁全集》第十九卷，人民出版社 2017 年版，第 400 页。

我们要使女工不但在法律上而且在实际生活中都能同男工平等。要做到这一点，就要使女工愈来愈多地参加公有企业的管理和国家的管理。

《致女工》，《列宁全集》第三十八卷，人民出版社2017年版，第177页。

女工运动的主要任务是争取妇女的经济平等和社会平等，而不仅是形式上的平等。让妇女参加社会生产劳动，使她们摆脱"家庭奴役"，从一辈子只是做饭、看孩子这种使人变得愚鲁、卑微的从属地位中解放出来。这就是主要的任务。

《迎接国际劳动妇女节》，《列宁全集》第三十八卷，人民出版社 2017 年版，第 211 页。

我们将努力消灭"人人为自己，上帝
为大家"这个可诅咒的准则，克服那种
认为劳动只是一种差事，凡是劳动都理
应按一定标准付给报酬的习惯看法。我
们要努力把"大家为一人，一人为大家"
和"各尽所能，按需分配"的准则渗透
到群众的意识中去，渗透到他们的习惯
中去，渗透到他们的生活常规中去，要
逐步地却又坚持不懈地推行共产主义纪
律和共产主义劳动。

《从莫斯科—喀山铁路的星期六义务劳动到全俄星
期六义务劳动》，《列宁全集》第三十九卷，人民出版
社 2017 年版，第 100 页。

　　劳动者的组织性、纪律性、坚毅精神以及同全世界劳动者的团结一致，是取得最后胜利的保证。

　　《致印度革命协会》,《列宁全集》第三十九卷，人民出版社 2017 年版，第 111 页。

没有真诚的民主主义的高涨，中国人民就不可能摆脱历来的奴隶地位而求得真正的解放，只有这种高涨才能激发劳动群众，使他们创造奇迹。

《中国的民主主义和民粹主义》，《列宁全集》第二十一卷，人民出版社 2017 年版，第 428 页。

如果没有群众的革命情绪的蓬勃高涨，中国民主派不可能推翻中国的旧制度，不可能争得共和制度。这种高涨以对劳动群众生活状况的最真挚的同情和对他们的压迫者及剥削者的最强烈憎恨为前提，同时又反过来产生这种同情和憎恨。

《中国的民主主义和民粹主义》，《列宁全集》第二十一卷，人民出版社2017年版，第429页。

我们知道，托拉斯和妇女从事工厂劳动是进步的。我们不愿意倒退到手工业，倒退到垄断前的资本主义和妇女从事家务劳动。要通过托拉斯等等前进，并且要超过它们走向社会主义！

《论"废除武装"的口号》，《列宁全集》第二十八卷，人民出版社 2017 年版，第 175 页。

社会主义不仅不窒息竞赛，反而第一次造成真正广泛地、真正大规模地运用竞赛的可能，把真正大多数劳动者吸引到这样一个工作舞台上来，在这个舞台上，他们能够大显身手，施展自己的本领，发现有才能的人。

《怎样组织竞赛?》，《列宁全集》第三十三卷，人民出版社2017年版，第204页。

用为自己劳动取代被迫劳动，是人类历史上最伟大的更替。

《怎样组织竞赛?》，《列宁全集》第三十三卷，人民出版社 2017 年版，第 207 页。

在实际上使被剥削的劳动者能够真正享受文化、文明和民主的福利，这正是苏维埃政权一项最重要的工作，而且今后应当坚定不移地把这项工作继续下去。

《俄共（布）纲领草案》，《列宁全集》第三十六卷，人民出版社2017年版，第86页。

现时这方面最迫切的任务是：

（1）对未满16岁的男女儿童一律实行免费的义务的普通教育和综合技术教育（从理论上和实践上熟悉各主要生产部门）。

（2）把教育和社会生产劳动紧密结合起来。

《俄共（布）纲领草案》，《列宁全集》第三十六卷，人民出版社2017年版，第87页。

工会应当更加成为对全体劳动群众进行劳动教育和社会主义教育的机关，以便在工人先锋队的监督下把参加管理的实际经验普及到比较落后的工人中去。

《俄共（布）纲领草案》，《列宁全集》第三十六卷，人民出版社2017年版，第88页。

必须造成一种环境，使资产阶级专家同觉悟的共产党员所领导的普通工人群众手携手地同志般地共同劳动，从而促使被资本主义分开的体力劳动者和脑力劳动者互相了解和接近。

《俄共（布）纲领草案》，《列宁全集》第三十六卷，人民出版社 2017 年版，第 110 页。

共产主义是社会主义发展的高级阶段，那时人们从事劳动都是由于觉悟到必须为共同利益而工作。

《在农业公社和农业劳动组合第一次代表大会上的讲话》，《列宁全集》第三十七卷，人民出版社 2017 年版，第 372 页。

我们要运用全部国家机构，使学校、社会教育、实际训练都在共产党员领导之下为无产者、为工人、为劳动农民服务。

《俄共（布）第九次代表大会文献》，《列宁全集》第三十八卷，人民出版社 2017 年版，第 290 页。

共产主义劳动，从比较狭窄和比较严格的意义上说，是一种为社会进行的无报酬的劳动，这种劳动不是为了履行一定的义务、不是为了享有取得某些产品的权利、不是按照事先规定的法定定额进行的劳动，而是自愿的劳动，是无定额的劳动，是不指望报酬、不讲报酬条件的劳动，是按照为公共利益劳动的习惯、按照必须为公共利益劳动的自觉要求（这已成为习惯）来进行的劳动，这种劳动是健康的身体的需要。

《从破坏历来的旧制度到创造新制度》，《列宁全集》第三十八卷，人民出版社 2017 年版，第 350 页。

道德是为人类社会上升到更高的水平，为人类社会摆脱对劳动的剥削服务的。

《青年团的任务》，《列宁全集》第三十九卷，人民出版社 2017 年版，第 341 页。

共同劳动不是从天上掉下来的。它需要经过艰苦努力和创造，要在斗争进程中才能实行。

《青年团的任务》，《列宁全集》第三十九卷，人民出版社 2017 年版，第 343 页。

共产主义社会就意味着土地、工厂都是公共的，实行共同劳动——这就是共产主义。

《青年团的任务》，《列宁全集》第三十九卷，人民出版社 2017 年版，第 343 页。

只有在与工农的共同劳动中，才能成为真正的共产主义者。必须使大家都看到，入团的青年个个都是有文化的，同时又都善于劳动。

《青年团的任务》，《列宁全集》第三十九卷，人民出版社 2017 年版，第 345 页。

任何一种劳动，不管它怎样脏，怎样吃力，我们都应当把它组织起来，使每个工人和农民对自己都有这样的认识：我是自由劳动大军的一分子，不需要地主和资本家，我自己就会建设自己的生活，建立共产主义的秩序。

《青年团的任务》,《列宁选集》第三十九卷，人民出版社 2017 年版，第 346 页。

我们必须记住，我们应当高度紧张地从事每天的劳动，否则我们就必然灭亡。

《新经济政策和政治教育委员会的任务》，《列宁全集》第四十二卷，人民出版社 2017 年版，第 204 页。

后 记

　　2017年9月13日下午，中国劳动关系学院党委副书记、校长刘向兵携燕晓飞教授、杨冬梅教授等一行五人拜访人民出版社，得到了人民出版社常务副社长任超、人民出版社教育出版中心主任房宪鹏等一行的热情接待。双方围绕人民、劳动、劳模精神、工匠精神等话题进行了愉快、深入的探讨交流。任社长是一位温和仁厚、朴素睿智的前辈，言谈之中，他介绍了自己30余年的出版业从业经历，分享了他关于人民和劳动的很多思考。作为晚辈，我受益良多，既感受到他对广大劳动者的深厚情怀，也被他坚守"人民

创造历史，劳动开创未来"的信念所折服。座谈中，双方在加强合作方面也达成了系列共识，成果之一就是围绕劳模精神和工匠精神撰写系列有新意、有价值、有特点的著作。

1949 年，毛泽东同志专门为新成立的全国总工会干部学校题词"发展生产　努力学习"。为响应建设新中国的号召，当时的全国总工会干部学校创办了校报《学习》。《学习》的创刊，迅速成为宣传党的工运理论、交流学习体会的重要阵地。作为一所与共和国同龄的高校，2019 年，在共和国迎来 70 华诞之际，中国劳动关系学院也将迎来 70 周年校庆。70 年弦歌不辍，70 年风雨兼程，70 年砥砺奋进。经过全国总工会干部学校、中国工运学院、中国劳动关系学院三个阶段的发

展沉淀，学校现已成为全国总工会所属、与教育部共建的一所普通高等院校，形成了以普通本科教育为重点、工会干部培训为使命、稳步发展研究生教育、做精做强高等职业教育的办学格局，是工会和劳动关系领域学科门类最齐全、最完整的大学。2017 年 4 月，为进一步深入贯彻全国高校思想政治工作会议精神，在中华全国总工会党组、书记处的关怀指导下，中国劳动关系学院党委决定恢复校报《学习》。为办好这份有历史、有情怀、有内涵的校报，我们在版面设计和内容定位上进行了认真筹划，在报眼位置定期刊登习近平总书记系列重要论述，在各版报尾位置定期刊登马克思主义经典作家、老一辈无产阶级革命家、历任党和国家领导人关于

劳动的经典语录，我们统称为劳动箴言。在连续 10 余期的编排过程中，我们发现，有关劳动的论述历来是马克思主义学说的重要话题，也是历届党和国家领导人常提常新的重要论断，更是习近平新时代中国特色社会主义劳动思想的重要内容。受任前辈的启发，我们萌生了以此为契机，继续收集、整理劳动箴言的想法，进而整理出版，既为广大读者系统学习研究马克思主义劳动思想提供便利，又为积极探索弘扬劳动精神的有效路径贡献绵薄之力。

知易行难，行之惟艰。我们先以人物为线索，借助人民出版社的中国共产党思想理论资源数据库，以劳动为关键词，进行全方位检索。待收集差不多后，和人民出版社的

责任编辑卢典进行了反复沟通，在她的建议
下，我们又按照一定的逻辑框架对这些箴言
进行了二次分类整理。之后，根据各篇章的
主题和总体均衡的需要，我们又对一些论述
进行了取舍。在编辑过程中，中共中央编译
局的衣俊卿、张红山等专家给出了专业的建
议，据此我们再次进行修改完善。回头想来，
实际的编纂过程是艰辛的，经过二十余稿打
磨才最终定稿。

　　本书得以付梓出版，感激以任超前辈为
代表的人民出版社有关同仁的鼎力支持！如
果没有任前辈的鼓励支持，这本书或许已经
夭折了。感谢房宪鹏、刘智宏、卢典三位的
直接推动，本书才得以提上出版日程！感谢
学校各方！刘向兵校长为本书出版做了很多

协调工作，刘玉方副校长给予了许多指导和帮助，学校科研处将此书列入校庆出版物系列，学校各方的大力支持，为本书出版提供了现实支撑。感恩以《教学与研究》杂志资深编辑李文苓老师为代表的诸多前辈，在完成第一稿的时候，我们将书稿送给李文苓老师，她在百忙之中审阅了书稿，给出了建设性意见建议，为本书的完善指明了方向。在出版之际，我们在此向所有给予支持和关心的同仁一并致以最衷心的感谢！

谨以此书纪念马克思诞辰200周年，庆祝中国劳动关系学院建校70周年！

编　者

2019年3月于北京